RÉFLEXIONS

SUR LA

CESSION DE LA GUADELOUPE

A LA

COURONNE DE SUÈDE.

PAR PIERRE FRANÇOIS FAUCHE.

LONDRES:

DE L'IMPRIMERIE DE SCHULZE ET DEAN,

13, POLAND STREET, OXFORD STREET.

CHEZ J. C. DE BOFFE, LIBRAIRE,

10, NASSAU STREET.

Prix 1s. 6d.

1813.

Ratification du Traité inséré aux Pages **17, 18,**
19 *et* **20** *de cet écrit.*

A ces causes nous avons voulu accepter, approuver, confirmer et ratifier ce Traité d'Alliance ainsi que l'article séparé y joint, avec tous ses articles, points et clauses, tels qu'ils sont insérés ici mot pour mot, tout comme par la présente nous acceptons, approuvons, confirmons et ratifions le présent traité de la manière la plus efficace que faire se peut; voulons et promettons de tenir et de remplir sincèrement, fidèlement et loyalement ce que contient le dit traité et tous ses articles, points et clauses. En foi de quoi nous avons signé la présente de notre propre main et y avons fait attacher notre grand sceau royal. Fait au château de Stockholm, le septième jour du mois d'Avril l'an de grâce mil huit cent treize.

CHARLES.
(L. S.)

LAURENT D'ENGESTRÖM,
(L. S.)

RÉFLEXIONS

SUR LA CESSION DE LA GUADELOUPE
A LA SUÈDE.

" La Guadeloupe, appelée ainsi par Christophe Colomb à cause
" de la ressemblance de ses montagnes à celles de ce nom en Espague,
" est située au 16e degré lat. et 64° 20′ long. Elle a 15 lieues de
" long, sur 13 de large et est environ à 30 lieues de la Martinique, et
" autant d'Antigue. L'île est divisée en deux parties par un petit
" bras de mer ou canal. Son sol très-fertile, produit, comme à la
" Martinique, du sucre, du coton, de l'indigo, du gingembre, du
" café et tous les fruits que l'on trouve dans les îles voisines. En
" temps de paix le commerce de la Guadeloupe est le plus florissant
" des Antilles, et ses exportations en sucre sont presque incroyables."*

Géo. de Guthrie·

En me permettant ce coup-d'œil sur la cession de la
Guadeloupe à la Couronne de Suède, je m'attache à
n'envisager cette concession que sous ses causes, ses
motifs et ses effets quant au moment présent, ne pouvant préjuger de l'avenir pour décider de la solidité de
ce traité. Il peut être que la Suède ne puisse s'attribuer la possession de cette colonie qu'à l'époque de la
paix générale et qu'alors seulement elle n'en reçoive la
domination *définitive* ou consolidée : cependant, ce
pouvoir a déjà acquis des droits si positifs aux compensations, qu'à moins de supposer possible la sou-
mission entière de toute l'Europe aux volontés de Bo-

---

* Sous l'ancien régime de la France les exportations de la
Guadeloupe s'élevoient à 14 millions de livres. Sa population
est de 114 mille hommes, dont 100 mille sont esclaves.

naparte, il est permis de croire que cette concession ne sera point disputée par les Puissances. Dans une assemblée aussi auguste que *le seroit* celle où tous les Etats en Europe pourroient en appeler à l'équité, pour établir entr'eux une balance, dont les guerres de la révolution française brisèrent tout l'équilibre jusqu'à ce jour, l'abus de la force sera sans action ; la justice, seule, dictera la loi: ou si, pour combler les malheurs du Continent, la paix venoit de nouveau à se signer dans le camp d'une armée victorieuse; cette paix arbitraire et éphémère, ne pouvant être que partielle, laisseroit à l'Angleterre et à la Suède toute liberté sur leurs convenances réciproques, pour aussi long-temps que devroit durer cet ordre de choses.

Depuis ce traité de cession, le corps du commerce en Angleterre est livré à une sorte d'agitation à laquelle cet événement donne lieu. Ceux qui saisissent l'esprit de ce traité sous le seul rapport de l'intérêt national, censurent amèrement une cession qui ne leur paroît que gratuite ; et sans craindre qu'on ne les accuse de vouloir que l'Angleterre s'isole de ses alliés pour recueillir à elle seule tous les avantages, et ne cherche leur attache que pour ajouter à sa puissance, ces censeurs frondent une mesure que la justice indiquoit pour le soutien de la guerre présente, et que la plus saine politique réclame des circonstances.

Jusqu'au moment où il fut question de l'abandon de la Guadeloupe, on n'apercevoit pas quel seroit, dans la lutte actuelle, le dédommagement que pouvoit recevoir la Suède pour ses efforts, et encore moins pour ses pertes récentes auxquelles elle n'avoit pu se soumettre. Et pourtant, si l'on considère qu'elle fut la conduite franche et loyale de cette Puissance dans toutes les coalitions contre les envahissemens de la France, et plus particulièrement dans ces derniers temps, on conviendra qu'elle mérita hautement cette attention de l'Angleterre et principalement du commerce de cette nation, qui néanmoins se permet d'en murmurer.

Mais examinons avec plus de franchise les titres que la Suède s'est acquise à une part des avantages que la guerre présente valut à l'Angleterre; ils furent aussi nombreux qu'ils sont incontestables, et sans vouloir ici en tracer la série, je me bornerai aux considérations suivantes :

En se rappelant les dommages que la guerre avec la Russie fit encourir, pendant cinq ans, au négoce de la Grande-Bretagne ; en nous retraçant le découragement qui saisit tous les esprits à l'époque où les Français, maîtres de Moscou, menaçoient d'arracher à jamais, à ce pays, ses relations avec le plus vaste des empires ; en portant le souvenir sur ce qu'on attendoit à ce moment de la part d'un Royaume qui avoit à reprendre la Finlande, et en avouant une des vérités les plus incontestables, celle qui affirme que la Suède à cet instant là, eût pu recouvrer cette province par une simple marche militaire, sans même qu'elle eut eu besoin, pour rentrer en possession de cette part de son patrimoine, de faire cause commune avec Bonaparte, (Car n'oublions point que ce ne fut pas dans son alliance avec ce dominateur que la Suède fit cette perte, mais au contraire dans celle qui l'attachoit à la Grande-Bretagne) combien, sur ces seules considérations, la nation anglaise, en particulier, ne doit-elle pas de reconnoissance au pays qui sut sacrifier à la cause générale son propre intérêt, ainsi que le plus juste comme le plus légitime de ses droits ! Comment dont se fait-il qu'avec une garantie aussi positive donnée au système qui tend à sauver l'Europe, on voye encore aujourd'hui le doute planer sur les vues d'un gouvernement qui montra au monde tant de désintéressement ? Mais croyons que c'est avec confiance que les hommes justes qui gouvernent de nos jours l'Empire Britannique, livrent ces doutes outrageans à l'avenir, puisque ce n'est qu'à lui qu'il est donné de triompher de l'incrédulité ; laquelle cependant, devroit déjà être ébranlée en voyant la Suède remplir exactement la lettre des traités dans une circonstance aussi décisive que l'est celle d'aujourd'hui ; et de plus, se confier sans réserve à l'équité future de ses alliés pour des compensations promises, mais que l'incertitude des événemens laisse néanmoins encore d'un effet douteux.

Il seroit dérisoire, sans doute, de nier l'étendue du sacrifice que l'Angleterre fait à la Suède en lui transmettant la domination de la Guadeloupe; et quoique cette translation ne soit que d'un effet éventuel jusqu'à la paix avec la France, l'abandon n'en est pas moins généreux, et acquitte l'Angleterre du reproche de se refuser, entr'elle et ses alliés, à tout partage des avantages obtenus dans une guerre pour laquelle les parties sont appelées à contribuer de tous leurs moyens. La cession de la Guadeloupe met à contribution, en Angleterre, l'intérêt privé et le pavillon britannique, qui cède lui-même une de ses ressources ; mais d'un autre côté, s'attacher un allié avec des liens arrachés à son ennemi naturel, semble devoir consolider d'avance, pour la suite, une alliance dans laquelle la Grande-Bretagne chercha, dans tous les temps, à s'affermir et que désormais la partie qui reçoit aura plus d'intérêt de rechercher elle-même et de maintenir.

Au surplus, on se rappelera qu'à l'époque de la cession de St. Barthelémi, à la Suède, la France fut sur le point d'accéder à celle de la Guadeloupe : cette transaction se motivoit sur des données politiques et commerciales les plus importantes ; mais si la France, pour resserrer ses liens d'amitié avec la Suède, put se décider, dans ces temps-là, au sacrifice d'une de ses colonies les plus productives, l'Angleterre pouvoit-elle se refuser à la même politique dans une circonstance aussi décisive, pour son propre intérêt, que l'est celle du moment présent ? Persuadons-nous donc que les hommes sages, en Angleterre, disent avec Lord Castlereagh, " Qu'en cédant à la Suède une île considérable, la Grande-Bretagne lui donne des motifs d'être désormais opposée à tout systême anti-commercial, etc."

Si le commerce Anglais perd, par cette concession, l'emploi de quelques navires, le fret, la commission et le point d'entrepôt des denrées de la Guadeloupe ; enfin, si l'Angleterre se trouve privée par ce traité de fournir des marchandises coloniales en Suède, tout indique, et c'est l'opinion de plusieurs négocians de Londres, que le concours de ces produits, avec ceux des îles Anglaises portés dans les marchés du Nord de l'Europe, sera avantageux plutôt que nuisible à la masse, et qu'entre autre on n'aura plus à redouter, pour le trafic de celle-ci dans la mer Baltique, les effets d'un systême qui porta de si vives atteintes au commerce Anglais. Conséquemment, si la Suède

vient à tirer profit de cette concession, et si le planteur de la Guadeloupe en reçoit une amélioration dans ses produits, les possessions britanniques y participeront; et si un petit nombre de négocians en Angleterre viennent à être privés d'un bénéfice qu'ils regrettent, une autre branche, beaucoup plus étendue de l'industrie nationale, en fournira le dédommagement. Mais ne seroit-ce pas aussi par un mouvement d'orgueil national déplacé que l'on censure si amèrement cette transmission? Eh quoi, sans égard même aux longues misères auxquelles les îles conquises sont en proie sous un gouvernement qui ne peut leur donner partage à toute l'étendue de ses débouchés pour leurs denrées, dans une guerre dont on ne peut prévoir la fin, eût-on donc préféré la ruine et l'anéantissement de ces conquêtes à une cession à la fois libérale, sage et de saine politique? Gardons-nous d'attribuer cette pensée subversive à la partie éclairée de la nation britannique, et croyons avec ce publiciste judicieux que "la meilleure réponse à faire à ces criail-
" leries, seroit, ou d'anexer sur-le-champ toutes les
" îles conquises à l'Empire Britannique, ou bien d'en
" faire le partage aux alliés de l'Angleterre. Plût à
" Dieu, ajoute-t-il, que l'Autriche, à ce moment, vou-
" lut prêter sa coopération au prix de l'une ou de plu-
" sieurs des Antilles conquises sur la France." Il n'y a que la mauvaise foi qui pourroit faire objection à l'adoption de ce système en présence d'un ennemi qui disposa, de son libre arbitre, de l'énorme masse de ses envahissemens, depuis les bords du Rhin jusqu'à ceux de l'Elbe, comme du fond de la Calabre jusqu'aux frontières de l'Autriche.

Quelques négocians de la cité de Londres, ainsi que plusieurs maisons de Liverpool et d'autres villes de commerce en Angleterre, paroissent, depuis cette cession, redouter certaines entraves dans le recouvrement des capitaux dont on assure qu'ils firent l'avance aux colons de la Guadeloupe ; mais j'avoue que je ne saisis pas sur quoi ils fondent une semblable crainte, et je crois qu'ils ne pourroient la justifier par les argumens d'une bonne logique. Quoiqu'il en soit, je me permettrai d'observer ici à ces capitalistes que dans le cas même où ils eussent pu s'attendre, au moment où ils confièrent leurs fonds à cette colonie, que le gouvernement dut avoir égard à la sécurité de cette dette privée dans ses transactions politiques, ils n'ont rien à lui reprocher qui porte atteinte à cette sécurité. D'un autre côté, chercher à défendre la nation suédoise et ses lois commerciales d'un soupçon outrageant, seroit aussi oiseux qu'inconvenant. Il seroit plus juste de décider cette question sur le principal point de vue qu'elle présente au bon sens. En cédant la Guadeloupe à la couronne de Suède, l'administration britannique a ôté aux capitalistes qui se plaignent, la crainte de voir un jour leurs propriétés tomber en dévolu à Bonaparte dans le cas où cette île seroit restituée à la France par un traité de paix, et l'on se persuadera sans doute, qu'à l'époque d'une nouvelle rupture entre l'Angleterre et ce dominateur, le décret de confiscation accompagneroit bientôt la déclaration de guerre. D'ailleurs les colons n'étant plus sous le poids des prohibitions qui les affectoient sous la domination de l'Angleterre, pourront disposer plus librement de leurs denrées, et étant plus sûrs de leur retour, auront, pour acquitter leurs dettes envers les commerçans anglais, des moyens qui leurs étoient refusés dans la situation précaire et sous une administration provisoire où ils se trouvoient placés.

Je ne pousserai pas plus loin l'examen des argumens en faveur de cette transaction, persuadé que l'opinion publique, et un avenir très-prochain sauront éclairer cette question ; faire disparoître tous les doutes et convaincre les esprits les plus prévenus.

La Guadeloupe entre les mains de la Suède va être rendue incessamment à son ancienne importance ; et en jetant ses vues sur cette propriété, le gouvernement Suédois a montré qu'il est, par le Génie qui le dirige, à la hauteur des plus vastes conceptions, et qu'il sait ouvrir à ses peuples les sources les plus abondantes de la prospérité.

Par sa position topographique sur le globe et placée au centre des Antilles, cette colonie offre à la puissance du Continent qui en a la domination *isolée*, les avantages les plus signalés pour ses rapports commerciaux, et par ceux-ci, pour son industrie territoriale en Europe. Mais de tous les états maritimes de l'ancien monde, la Suède est le plus richement pourvu pour profiter, dans leur plus grande valeur, des fruits de cette propriété : ses *fers*, ses *ustenciles*, ses *toiles communes*, ses *salaisons*, etc., vont recevoir un nouveau débouché ; et un entrepôt de ces articles, placé entre les deux continens d'Amérique, présentera aux nations voisines le siége d'échanges qui attireront à ce marché tous les produits de ces contrées : la Suède y puisera elle-même de quoi satisfaire à ses besoins, tout en montrant au commerce un dépôt général où tout chargement pourra se completter, et la colonie y trouvera d'abondantes ressources pour son approvisionnement.

Ceci n'est point hypothétique pour l'esprit de ceux qui savent ce qui se passe aujourd'hui à cette autre île des Antilles, possédée par la Suède depuis 1785, et dont le point, quoiqu'imperceptible, présente à tous les belligérans un mouvement commercial le plus actif. Et si l'on peut se fonder sur cet exemple, la Guadeloupe, sous la domination Suédoise, doit s'attendre de même à voir ses ports libres et ouverts, en temps de guerre, à tous les neutres comme à tous les alliés de la métropole, et à échapper, à l'avenir, aux effets désastreux que toute rupture, entre l'Angleterre et la France, attire nécessairement sur celles des Antilles possédées par cette dernière puissance. Par le bienfait de cette liberté, le gouvernement le plus paternel, voudra que ses nouveaux colons s'attachent de cœur à son administration et épousent l'affection si touchante et si légitime du peuple Suédois pour son souverain. Eloignons donc notre pensée de celle de ces esprits retrécis, ou de ces calculateurs mal-adroits, qui croiront peut-être que le fisc devra appesantir sa main sur le commerce de la Guadeloupe par des droits de douane qui, selon eux, produiront à la couronne un revenu clair, positif et déterminé. A mon sens ce seroit mettre à la place des entraves auxquelles les îles conquises sont assujetties depuis si long-temps, d'autres entraves qui continueroient la ruine des colons. Le fisc a, sans contredit, ses avantages à retirer de cette acquisition; mais c'est dans la masse et le grand mouvement des affaires qu'il doit les trouver, et *sur un pareil théâtre*, il sera plus lucratif pour *la Suède* de les tirer par uu mode sage et libéral que de chercher à se les procurer au dépend de l'industrie et de l'encouragement de ses contribuables : cette puissance doit aussi offrir, dans les ports de la Guadeloupe, en temps de paix comme en temps de guerre, le plus grand attrait à tous les peuples commerçans, et elle n'y parviendra qu'en voilant, si je puis m'exprimer ainsi, la levée du revenu que la couronne devra en retirer.

Ce seroit commettre une erreur non moins dangereuse que de vouloir soumettre la Guadeloupe, placée sous la domination Suédoise, à un système prohibitif trop étendu : quelles que soient les ressources de la marine de cette puissance, on peut craindre qu'elle ne suffise pas à l'activité commerciale dont cette colonie va être susceptible, et même qu'en voulant s'emparer de l'exclusif de ce trafic, la Suède ne l'expose à des privations pénibles et désastreuses. Ecoutons ce que disoit M. Malouet à cet égard *(et il parloit à la France !)* dans une note tirée de ses excellens mémoires sur St. Domingue. " J'étois do-
" miné par cette maxime fausse et funeste qui nous
" captive encore; savoir, que l'industrie nationale
" doit être *dans un état de guerre continuel contre l'in-*
" *dustrie étrangère*; principe d'avidité, de spoliation,
" que la politique consacre, que l'intérêt général,
" plus éclairé, doit proscrire : je trouve que chaque
" nation se doit la préférence de protection de sa
" propre industrie, mais qu'il y a plus de raisons
" *d'alliance* que d'inimitié contre l'industrie étrangère;
" je trouve que les lois prohibitives doivent être

" considérées comme remède, et non comme prin-
" cipe vital du commerce.—En restant dans cette
" mesure, on ne tient plus à un système, mais bien à
" ce qui est utile et vrai : alors la question du com-
" merce étranger dans les colonies peut facilement
" se résoudre.—Tout le service, toutes les fournitures
" que peut faire le commerce national, doivent lui
" être adjugées sans partage. Là où il est insuffisant,
" et lorsque les colonies ne peuvent en recevoir tout
" ce qui est nécessaire à leur approvisionnement, à
" leur prospérité, les étrangers doivent y être admis ;
" il est surtout injuste de compromettre leur subsis-
" tance par respect pour la métropole ; et l'établisse-
" ment des entrepôts est, malgré toutes les réclama-
" tions des ports de France, une sage opération."

Je ne puis connoître l'administration, ou le régime
des colonies en général, que par théorie : cette étude
semble indiquer une certaine suppériorité de sagesse
dans le systême Espagnol et Portugais, quant à la
morale et à la législation : celui des Hollandais est ad-
mirable pour les progrès de l'industrie et ceux de la
culture ; et les Anglais pourvoient à tout par leur sa-
vante régie. Néanmoins, les ouvrages publiés sur
cette matière indiquent aussi de la sollicitude et de la
sagesse dans le systême que la France adopta jusqu'à
l'époque de la révolution. Si cette conjecture est
fondée, la Suède aura à s'en féliciter, quant à ce qui
regarde la Guadeloupe ; rien n'étant plus pénible et
plus dangereux que d'avoir à régénérer les coutumes
d'un peuple chez qui souvent l'usage, quoique vi-
cieux, produit par l'habitude le résultat qu'il est
toujours hazardeux de chercher dans les réformes

brusques, ou dans le changement : c'est plus souvent à savoir tirer parti de ce qui existe que consiste la science de l'administrateur, qu'à vouloir se procurer une perfection qui, d'ordinaire, n'est que la vaine gloire d'innover, ou l'ambition d'attacher son nom à des œuvres de sa création.

Un changement de domination peut cependant indiquer à la Guadeloupe l'adoption de mesures salutaires de circonstances ; d'autant plus que toutes les colonies françaises furent, plus ou moins, atteintes de la désorganisation sociale qui détruisit leur métropole. Mais encore à cet égard le gouvernement Suédois, dans sa sagesse, voudra être éclairé avant d'admettre ou de rejetter ces mesures. A cet effet, l'envoi de commissaires inspecteurs et temporaires sera sans doute jugé convenable ; et si pour le choix que l'on fera de ces employés on a à redouter le combat de l'intérêt particulier avec l'intérêt public, soit en prenant ces agens dans la classe des colons de la Guadeloupe, ou dans celle des négocians et des propriétaires de mines en Suède, pour remplir ces missions, et à l'exemple de la France, le Gouvernement Suédois fera choix d'hommes indépendans, sur les rapports desquels il pourra plus compter. Ce fut à une semblable mission, confiée à M. Malouet en 1776 et années suivantes que, sous M. de Sartine, la France dut la création de Cayenne, dont l'existence jusques-là, n'avoit été que déplorable et languissante*, et si la

---

* Les Mémoires que cet administrateur a publiés sur Cayenne et sur St. Domingue, *sous l'ancien régime*, montrent le patriotisme le plus éclairé, et peuvent fournir le matériel des instructions à donner par la métropole à ses agens dans les colonies.

Guadeloupe ne peut être assimilée à une colonie naguère aussi pauvre que l'étoit Cayenne, le degré de civilisation que cette première a atteint, sa bonne position et tous les élémens qu'elle possède pour l'élever à la plus haute prospérité, ne motivent pas moins la mesure dont la France donna l'exemple. Une acquisition qui va procurer au commerce de la Suède une si puissante impulsion, ainsi qu'à toutes les branches de sa richesse un véhicule aussi encourageant, me paroît être un événement si majeur pour ce Royaume, qu'on ne peut que s'attendre à l'attention la plus judicieuse, la plus sage et la plus suivie de la part des hommes d'Etat qui conçurent la pensée d'entrer en possession de ce point du globe.

Un des maux qui affectoìt le plus les colonies françaises aux Antilles, même avant la révolution, et que la conquête ne put qu'agraver, est le discrédit presque total qui les frappoit à l'étranger. Sous l'ancien régime, le gouvernement fit de vains efforts pour soustraire ses colonies à ce fléau, et ne pût même opérer une salutaire réforme dans le système très-vicieux des monnoies, etc. etc. etc. Si le Gouvernement Suédois veut attirer la confiance des capitalistes étrangers sur la Guadeloupe, il ne sauroit donner trop d'attention à cette partie de la législation qui contraint le débiteur à plus d'exactitude envers son créancier, en plaçant néanmoins celui-ci sous une protection positive et sagement combinée contre les vexations de l'avidité. On sentira que, sans le levier du crédit, une colonie ne peut espérer des progrès dans sa culture, ni dans aucune autre branche de son industrie.

Londres, le 23 Juillet, 1813.

La Basse-Terre, capitale de la Guadaloupe, est située presqu'au centre d'une anse formée par une enceinte de hautes montagnes, que la nature semble avoir placées pour être le boulevard de cette colonie; car si dans cette partie de l'île une mer toujours tranquille offre partout à l'ennemi un accès facile, le vaste amphithéâtre des mornes, leurs gorges multipliées et tortueuses, leurs bois épais et fourés présentent de toutes parts, en temps de guerre, des retraites sûres et des asiles impénétrables. Ailleurs les citadelles protègent les alentours; ici au contraire, les forts sont défendus par un terrain qu'il faut conquérir pied-à-pied.

Cette partie de la colonie qui est au bas des montagnes, est la seule qui réunisse aux avantages d'un air pur et frais, des eaux vives, abondantes, et tous les alimens, toutes les productions des colonies, avec presque tous les légumes, les fleurs même de l'Europe. Les vaisseaux de l'état, les navires du commerce trouvent dans sa rade spacieuse un bon mouillage; et dans le temps d'ouragans, l'Anse-à-La-Barque*, qui en est peu éloignée, leur offre un asile que les tempêtes ont respecté quand elles détruisoient tout à la Pointe-à-Pitre.

Tant d'avantages réunis ont sans doute déterminé la Cour de France à placer tous les moyens de défense

---

* Ce port spacieux et si sûr, peut être rendu très-sain, à très-peu de frais ; mais l'intérêt des gouverneurs *propriétaires* dans d'autres parties éloignées, a toujours fait rejetter des projets qui ne tendoient pas directement au plus grand avantage de leurs possessions.

dans un lieu déjà fort par lui-même ; lieu où les sol-
dats et les équipages trouvent abondamment toutes
les douceurs de la vie, sont beaucoup moins exposés,
que par tout ailleurs, aux causes de destruction qui,
sous la zône torride, moissonnent si promptement les
Européens. Les mêmes raisons y firent placer le gouvernement de l'île, l'administration et les autres éta-
blissemens royaux.

Mais si la Basse-Terre a joui, depuis la fondation
de la colonie, du glorieux privilège de couvrir la
Grande-Terre, pays plat et ouvert de toutes parts, ce
n'a été qu'en restant elle-même exposée à toutes les
horreurs de la guerre. Assiégée en 1691, 1707 et 1759,
elle a deux fois repoussé l'ennemi de ses côtes ; mais
trois fois ses maisons ont été brûlées, les habitations
de son territoire ravagées et détruites de fond en
comble.

Cependant, toujours fière de sa position et forte
de son amour pour la mère patrie, elle s'est assez tôt
relevée de ses pertes pour avoir pu fournir abondamment aux escadres tous les secours dont elles ont eu
besoin. La métropole reconnoissante envers cette ville,
voulut la dédommager de ses pertes réitérées en lui
accordant l'entrepôt des Américains.

---

*Articles concernant la Guadeloupe, extraits du
Traité de Concert et de Subside entre Sa Ma-
jesté Britannique et le Roi de Suède, signé à
Stockholm, le 3 Mars 1813.*

Art. V.—Les deux hautes parties contractantes
voulant donner une garantie solide et durable à leurs
relations tant politiques que commerciales, Sa Majesté

Britannique, animée du désir de donner à son allié des preuves évidentes de son amitié sincère, consent de céder à Sa Majesté le Roi de Suède, et à ses successeurs à la couronne de Suède d'après l'ordre de succession établi par Sa dite Majesté et les état-généraux de son royaume, en date du 26 Septembre 1810, la possession de la Guadeloupe dans les Indes-Occidentales, et de transférer à Sa Majesté Suédoise tous les droits de Sa Majesté Britannique sur cette île, telle que Sa dite Majesté la possède actuellement. Cette île sera remise aux mandataires de Sa Majesté le Roi de Suède, dans le courant du mois d'Août, de la présente année, ou trois mois après le débarquement des troupes suédoises sur le continent; le tout aux conditions convenues entre les deux hautes parties contractantes par l'article séparé joint au présent traité.

VI.—Par une suite réciproque de ce qui a été statué dans l'article précédent, Sa Majesté le Roi de Suède s'engage d'accorder, pendant la durée de 20 ans, à compter de l'échange des ratifications du présent traité, aux sujets de S. M. Britannique, le droit d'entrepôt dans les ports de Gothembourg, de Carlsham et de Stralsund, (lorsque cette dernière place retournera sous la domination Suédoise) pour toutes les denrées, productions ou marchandises, soit de la Grande-Bretagne, soit de ses colonies, chargées sur des bâtiments Britanniques ou Suédois. Les dites denrées ou marchandises, soit qu'elles soient de nature à pouvoir être introduites et douanées en Suède, soit que leur introduction y soit prohibée, payeront indistinctement, en droit d'entrepôt, un pour cent *ad valorem*, pour l'entrée, et le même montant pour la sortie. Au reste, on se conformera, pour tout ce qui a rapport à cet objet, d'après les réglemens généraux en Suède, en traitant les sujets de Sa Majesté Britannique sur le pied des nations les plus favorisées.

VII.—A dater du jour de la signature du présent traité, Sa Majesté le Roi du Royaume-Uni de la Grande-Bretagne et d'Irlande, et Sa Majesté le Roi de Suède, se promettront réciproquement de ne point séparer leurs intérêts mutuels, et nommément ceux de la Suède, dont il s'agit dans le présent traité, dans aucune négociation quelconque avec leurs ennemis communs.

VIII.—Les ratifications du présent traité seront échangées à Stockholm dans quatre semaines, ou plutôt si faire se peut.

En foi de quoi, nous soussignés, en vertu de nos pleins-pouvoirs, avons signé le présent traité, et y avons apposé le cachet de nos armes.

Fait à Stockholm, le 3 Mars, l'an de grâce 1813.

ALEXANDER HOPE.   Le Comte D'ENGESTRÖM.
(L. S.)   (L. S.)

EDWARD THORNTON G. Baron DE WETTERSTED.
(L. S.)   (L. S.)

ARTICLE SÉPARÉ.

Par une suite de la cession faite par Sa Majesté Britannique, dans l'Article V. du Traité signé aujourd'hui, de l'Ile de la Guadeloupe, Sa Majesté le Roi de Suède s'engage :

I. De remplir et observer fidèlement les stipulations de la capitulation de la dite île, en date du cinq Février mil huit cent dix ; de sorte que tous les priviléges, droits, et bénéfices et prérogatives assurés par cet acte, aux habitans de la colonie seront conservés et maintenus.

II. De prendre à cet effet, avant la cession susmentionnée, tous les engagemens avec Sa Majesté

Britannique qui seront jugés nécessaires, et de passer tous les actes y relatifs.

III. D'accorder aux habitans de la Guadeloupe la même protection, et les mêmes avantages dont jouissent les autres sujets de Sa Majesté le Roi de Suède, conformément toutefois aux lois et stipulations actuellement existantes en Suède.

IV. De défendre et de prohiber au moment de la cession l'introduction des esclaves de l'Afrique dans la dite île, et dans les autres possessions de Sa Majesté Suédoise aux Indes Occidentales, et de ne point permettre aux sujets Suédois de s'engager dans la traite des Nègres, obligations que Sa Majesté Suédoise est d'autant à même de contracter, que ce trafic n'a jamais été autorisé par elle.

V. D'exclure, durant le cours de la présente guerre, des ports et havres de la Guadeloupe, tous les vaisseaux armés, et corsaires appartenans aux puissances en guerre avec la Grande-Bretagne, et de ne point permettre que dans toutes les guerres futures, dans lesquelles la Grande-Bretagne seroit engagée, et où la Suède seroit neutre, les corsaires d'aucune des puissances belligérantes puissent entrer dans les ports de la dite colonie.

VI. De ne point aliéner cette île sans l'aveu de Sa Majesté Britannique, et

VII. D'accorder toute protection et sûreté aux sujets Britanniques et à leurs propriétés, soit qu'ils préfèrent de quitter la colonie, soit qu'ils y restent.

Cet article séparé aura la même force et valeur, que s'il étoit inséré mot à mot dans le traité signé aujourd'hui, et sera ratifié en même-temps. En foi de quoi nous sous-signés, en vertu de nos Pleins-Pouvoirs, avons signé le présent article séparé, et y avons apposé le cachet de nos armes.

Fait à Stockholm, le trois Mars, l'an de grâce, mil huit cent treize.

Alexander Hope.   Le Baron d'Engeström.
    (L. S.)   (L. S.)
Edward Thornton.   G. Baron de Wetterstedt.
    (L. S.   (L. S.)

Londres: de l'Imprimerie de Schulze et Dean, 13, Poland Street.